Made in the USA
Middletown, DE
14 June 2025

77018501R00071